Äpfelchen des Paradieses

Gerd Walter, Willinger Kollektiv der Verssager, Sprach-

Äpfelchen
des
Paradieses

Äpfelchen des Paradieses
C Gerd Walter Autor
Gerd Walter, alias Franz Willion (vgl. Anhang) 2008
E-Mail: dregretlaw@t-online.de

Illustrationen: Klaus Nordheim.
Gestaltung.   Christian Gerlich
Herstellung und Verlag: Books on Demand GmbH
ISBN -13: 9783837037102

Äpfelchen des Paradieses *Inhaltsverzeichnis*

Zur Einstimmung

O, Äpfelchen des Paradieses,
die Eva Adam bot.
Das Schlängelein lockte,
da galt kein Gebot.

Und so wie damals
ist 's seitdem bis heute oft gegangen .
Eva hält dich sanft umfangen:
O Äpfelein, o Schlängelchen,
o paradiesische Not.

Erkenntnis

Die Liebe ist wie eine Dusche,
mal fließt sie heiß, mal fließt sie kalt.
Getröpfel oder Urgewalt.
Erfrischend heute, morgen lau,
färbt sie dich rosig oder blau.
Bisweilen geht sie gar nicht an.
Bei Rohrbruch ruf den Klempner an.

Young love
oder – Aller Anfang ist ...
(?)

Erstes Rendezvous

Ich steh vor dir und meine Arme baumeln.
Die Hände klammern einen Blumenstrauß.
Ich steh vor dir und meine Sinne taumeln.
Du siehst heut wieder ganz bezaubernd aus.

Ich möchte dir so gerne Nettes sagen.
Mein Atem stockt. Das Hirn ist leer.
Die Knie sind wacklig, und es drückt der Kragen.
Warum ist Liebe nur so furchtbar schwer?

Ein Glück

Ein Glück, dass ich kein Eskimo
und leb in Schnee und Eis.
Der ganze Nordpol schmölze weg,
so lieb ich dich – so heiß.

Der erste Kuss

Es lockte lieblich süß ihr Mund.
Wir saßen beieinander, und –
…........
…........
…..........
…........

Ja, hier hat das Gedichtchen seinen Schluss ;
denn wer erzählt schon gern vom ersten Kuss?

Erste Liebe

Ich war voll güldener Liebesglut.
Wild wogte in mir süßselige Flut.

Grillen zirpten. Mückchen summten.
Hummelchen über Gräser brummten.

Du aber klopptest, als wäre es Scherz
mir einen Nagel mitten ins Herz.

Sperrbezirk
(Der Druckfehlerteufel)

Er umarmte sie und drückte sie, denn er hielt sie für druckreif. Beherzt fasste er in ihren Ausschnitt, um ihre Druckknöpfe zu berühren. Aber, bevor er noch den richtigen Druckpunkt gefunden hatte, gab sie ihm eine schallende Ohrfeige und so wurde ihm schlagartig klar:

„Aha, das war ein Druckfehler."

Ich möchte dich so gern begreifen,

doch hat das scheinbar
keinen Zweck;
denn wenn ich dich
nur kaum berühr,
schon sagst du:
„Finger weg!"

Rache

Dein Herz
dein kleines Herz
ich breche es entzwei.
Dein Herz
dein armes Herz –
Was ist denn schon dabei?
Dein Herz
im Scherz
hast du es mir geschenkt.
Ich breche es entzwei
dein Herz;
denn du hast mich gekränkt.
Nun will ich es versuchen
dein kleines armes Herz,
dein kleines süßes Herz
aus Knusper-Pfefferkuchen.

Liebestraum

Nachdem er Stunden durch den Wald gehastet
und seine Augen müde, blind vom Licht,
das aus den Blätterkuppeln niedersprühte,
fiel er und barg in Gräserbüscheln sein Gesicht.
Und es geschah, dass Schlaf sich auf ihn senkte
und Träume drangen heimlich in ihn ein.
Sie schenkten, was die Wirklichkeit nicht schenkte,
er durfte ganz in ihrer Nähe sein.
Ihr weicher Mund – wie groß war sein Verlangen –
und ihrer Grübchen rätselhafter Bann.
Wild schlug sein Herz. Er wollte sie umfangen
und doch er sah sie nur versteinert an.
Er hörte, wie sie Glück verheißend lachte.
Nicht länger schien sie seinen Wünschen taub.
Doch da zerbarst sein Traum, und er erwachte.
In seinen Haaren lag feuchtkaltes Laub.

No sports
(Churchill, W)

Ich könnt' in den Himmel springen,
doch lass ich es lieber sein;
denn lieg ich in deinen Armen,
kann nichts für mich himmlischer sein.

Verschnupft

Der Mond schien gar zu lieblich auf uns nieder.
Fast dachte ich, du wärest mein.
Doch da fing meine Nase an zu laufen.
Verdammt, es hat nicht sollen sein.

Meinem Spätzchen

Vielleicht
denkst du, ich hab 'n Piep.
Doch nein, ich habe dich sehr lieb.
Ich hab dich lieb, ganz furchtbar lieb.
Piep, piep, piep.

Das ewig Weibliche

Du bist mir fern, drum Hanne trinke
aus Gram ich -hiks – mir einen an,

und wie ich unterm Tisch versinke, spür ich,
das ewig Weibliche zieht mich hinan.

Die Bikininixe

Gestern guckte mal wieder im Bad
ich mir das Menschengetümmel an
und sah eine Schönheit so umwerfend frisch,
dass ich sie kaum beschreiben kann.
Sie trug 'n Bikini voll Anmut und Charme,
selbst Frauen sahen sich bewundernd um,
und mancher Griesgram lächelte warm,
verzaubert war das Publikum.
Wie sie sich bewegte voller Grazie –
ihr schlankes Figürchen, ihr wippendes Haar
und ihre ebenmäßigen Glieder,
die Augen leuchtend und sternenklar.
Doch nein, ich kann sie nicht beschreiben,
dazu fehlt mir die Sprachgewalt.
Sie war voll unschuldiger Jugend
so etwa 2 , 3 Jahre alt.

Auf den Hund gekommen

Ihr Haar war blond, voll Liebreiz die Gestalt,
wohl etwa 18 Jahre war sie alt.
Sie streichelte und herzte ihren Hund.
Ich war sehr einsam ,war allein und –
und sprach sie an. Hab kühn ihr zugelacht,
doch sie hat mich mit keinem Blick bedacht.
Sie spielte weiter , so als gäb 's mich nicht,
mit ihrem Hund. Der leckte ihr Gesicht.
Er sprang sie an, betappte ihre Brust ...

Ich ging nach Haus, ich fühlte keine Lust
noch was zu tun. Ich dachte nur an sie
und eifersüchtig an das Hundevieh.
Wäre ich ein Hund mit Hundecharme,
sie nähme mich wohl zärtlich in den Arm.
Mein treuer Blick – der schenkte ihr Plaisir.
Ich wär' ihr liebes kleines Kuscheltier.
Jedoch was kümmert sie ein fremder Mann ?
Wenn ich sie einmal wiedersehe, dann
lauf ich auf allen Vieren, bell : „Wau, wau,
o spiel mit mir ,du edle holde Frau!"
Doch wendet sie sich ab und sagt sie :„ Nein!"
Dann, o, dann hebe ich ein Bein ....

Missvergnügen

Ich kenne eine Miss, ich liebe sie,
doch macht mir Kümmernis, verstehen Sie?
Die Silbe „miss".
Früher konnt' ich mich vergnügen,
doch mit 'ner Miss wird 's Missvergnügen.
Die Sprache will 's. Ich seh 's erstaunt,
urplötzlich bin ich missgelaunt.
Urplötzlich packt mich Missbehagen.
Bei meiner Miss tut 's mir behagen.
Ich glaub ‚ich kriege noch 'n Tick.
Ich finde meine Miss so schick.
Sie hat Verstand und hat Figur,
sie hat die reinste Missfigur.
Missfigur und Missverstand
sind, jeder weiß es, ein Missstand.
Doch meine Miss tut mir gefallen.
Ich zieh sie vor den andern allen
und wünsch mir, warum sollt ich lügen,
noch oft mit meiner Miss Vergnügen.

Verliebt, verlobt, verhei.... ?
Studium generale

Der Erste war Sportler,
hatte kräftige Arme, war gut gebaut und konnte Kopf stehen,
aber sie fand, er sei verdreht und so erhörte sie einen Medizi-
ner, 9. Semester, langjährige
Erfahrung, aber
so viel wollte sie
gar nicht lernen,
wie jener ihr
beizubringen
beabsichtigte.
Immerhin:
schön war 's.
Dann kam
Fasching –
Damenwahl.
Sie musste ihre
Kartei erweitern:
Juristen.
Eigentlich hatte
sie sich die ganz

anders vorgestellt, nicht mit
Pickel und Brille. Aber was macht ´s ?
Lehrjahre sind keine Herrenjahre, und außerdem gaben sich
bald zwei Mathematiker die Ehre,
kluge Köpfchen. Nur sie konnte ihnen nicht so ganz folgen

und war der Ansicht,
dass minus mal minus
immer noch kein Plus er-
gibt, und jene sahen ein,
dass sie sich verrechnet
hatten.
Dann kam ein
Philosoph, ein sogenann-
ter Herr Stud. Phil.,
der schrieb Gedichte
und sie erzählte ihm
Märchen.
Da war er glücklich,
doch Glück ist eine
Anhäufung von
Missverständnissen,
und sie hält nun
Ausschau nach der
nächsten Fakultät.
Meteorologen
kennt sie noch
nicht und
Architekten, und außer-
dem denkt sie,
nichts überhasten,
denn schließlich betreibt sie ja
ihr Studium aus Liebhaberei.

Einer Heiligen

Wie warst du mir in jenen Nächten nah,
als deine Liebe fiebernd in mich rann
und deine Nähe so unendlich war,
in mich ein Meer glitzernder Träume spann.

O scheue Anmut, fernes fremdes Kind.
Fast noch ein Tier, geschmeidig wildnisbraun,
mit Feueraugen, die voll Sanftmut sind,
geheimnisvollen Tiefen nie zu schauen.

Hell gleißt die Sonne über dumpfem Wald.
In dessen Schatten Orchideen blühen.
Dort zwischen Farnen wuchernder Gestalt
versunkene Sterne märchenhaft erglühen.

Unschuldig liebend, fernes fremdes Kind,
gabst du dich mir natürlich hin und rein.
Ich glaube nicht, dass Heilige heilig sind.
Nur einzig deine Liebe kann es sein.

Volkslied

Wenn ich ein Flugzeug wär'
und auch zwei Flügel hätt',
flög ich zu dir.
Du bist die Landebahn,
ich setz zum Sturzflug an
und explodier.

Traumurlaub

Manche wollen nach Mallorca,
andre nach Amerika.
Ich wär´ gern in deinen Armen
mit Vollpension, o Julia.

Ungelogen

Zwar bin ich nicht sicher,
ob du verstehst, wie ich 's meine, aber -
keine Gesellschaft   ist mir lieber
als deine.

Schattentanz

Stummer Schattentanz
huscht um bleiches Gestein,
und ferner Mondenschein
zag glimmend – verlischt fast ganz.

Du hältst mich sanft umfangen,
als wär' ich ein krankes Tier.
Ich bin geborgen bei dir.
In deinen Augen bangen

Tiefen voll Einsamkeit.
Ich sinke in sie ein,
und wie im Wasser ein Stein
ohne Angst und Leid.

Frei von Last und Zwängen,
fühle mich unwirklich leicht.
Dein Atem den Wolken gleicht,
die sich am Himmel drängen.

Liebende suchen sich oft
tief in des Anderen Augen.
In ihnen sich spiegelnd dann taumeln
sie fremd aneinander vorbei.

Abschied
(Im Bahnhof)

Dein linkes Auge
lacht mich an.
Das rechte blickt zur Uhr.
Der Zeiger läuft.
Die Zeit macht blind.
Wer liebt, ist hilflos wie ein Kind.
Ich weiß nicht,
ob du hilflos bist.
Ich steh bei dir
und hab dich lieb
und möchte dich halten behalten.

Der Zeiger läuft.
Er läuft geschwind.
Ach, bleib doch hier.
Die Zeit verrinnt.
Ja, ja, du musst jetzt gehen.
O, was ich hab ?
Ich habe nichts;
denn du, du musst ja gehen.
Ich steh nur hier und schau dir nach
und denk: „Auf Wiedersehen!"
Du drehst dich wohl
noch zweimal um.
Wir werden uns dann winken.
Der Zug fährt aus. Komm gut nach Haus.
Ich geh noch einen trinken.

Telegramm d'amour

Wozu brauchst du Angorawäsche ?
Dein Busen einen zarten Halter ?
Ich will dir gern behilflich sein,
dich wärmen, o, bis bald,
dein Walter

Neuland

Er ließ seinen Geist
weit schweifen
und tat,
als ob er alles wüsste.

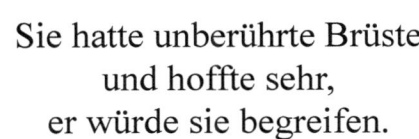

Sie hatte unberührte Brüste
und hoffte sehr,
er würde sie begreifen.

Geständnis

„Alles willst du von mir wissen?"
Zärtlich flüsterte er : „Ja."
Verschämt bog sie den Kopf ins Kissen,
und er streichelte ihr Haar.

„Alles willst du von mir wissen?"
Sie sah ihn ungläubig an.
„Alles, wirklich einfach alles ?
Das ist wieder typisch Mann.

Gut, ich werde dir erzählen,
was mich lange schon bedrückt.
Zwischen meinen kleinen Zehen
hab' ich Pilze, o, das jückt."

Andenken (Valentinstag)

Uschi lag in meinem Arm.
Sie schmiegte sich an mich traulich.
Mir war so wohlig, wonnig warm,
und Uschi plauderte fraulich :

„Diesen Armreif schenkte mir Franz,
das Medaillon Hans Peter ,
den Ohrring Kai, die Spange Karl."
Es wurde spät und später.

Sie zählte auf, erzählte und zählte.
Da sah ich rot wie ein Stier.
Das goldene Kettchen zwar hat sie von Max,
doch – die Zahnlücke hat sie von mir.

Vergib !

Lieblosigkeit schmerzt fürchterlich -
mehr als am Po ein Mückenstich.
O, sei doch wieder lieb zu mir.
Ich mag dich mehr als Schnaps und Bier,
als mein uraltes Grammophon ,
als einen Sieg beim Bierathlon,
als mein geheimes Bankschließfach ...
Dass du mich meidest macht mich schwach.
Das schmerzt und piesackt fürchterlich,
geliebter Schatz, du ahnst es nicht.
Es ist so kuschelig im Bett.
Ach, wenn ich dich doch bei mir hätt'!!

Verliebter Lehrer

Die Schüler betreuend denk ich an dich.
Sehr lästig ist heute der Unterricht.
Ich denke an dich. An was denkst du ?
(Dank Stillarbeit hab ich z.Z.Ruh.)
Sag, Eva, ahnst du, wie oft und wie sehr - - ?
Ob du und ich und wir, wie das wär'?
Es ist ein Glücksfall ,der dich mir geschickt ...

„Herr Lehrer, sind sie etwa eingenickt?"

Ja, hat denn der Flegel keinen Respekt ?
Fast hätte er sämtliche Schüler geweckt.
Doch die träumen süß. Dass es so was gibt.
Die sind scheinbar auch – wie ich – verliebt.

Spiel mit mir !

In jedem Manne steckt ein Kind.
Du bist, so scheint es mir, verwundert.
O, glaub mir, liebe Romina,
ich bin in dich verliebt wie hundert.
Zwar fühle wie ein Mann ich mich,
doch reizt es mich, mit dir zu spielen.
Nein, nicht im Sand, ich bitte dich,
mit Förmchen. Weißt du, mit dir spielen
möchte am liebsten ich im Bett.

Du bist die Frau, ich Ehemann.
Dazu braucht man nichts anzuziehen
und hat doch seine Freude dran.
Und außerdem im Bett ist 's warm,
doch draußen bitter kalter Winter.
Es steckt ein Kind in jedem Mann.
Hast du was gegen Kinder?

Wer hätt' als Kind gedacht

Was macht der Lehrer in – in der Lehrerin ?
Wenn das der Schulrat wüsste !
Sicher ein kluges Kind, weil es Studierte sind.
Froh wippen ihre Brüste.

Refrain: Wer hätt' als Kind gedacht, dass so was Freude
macht. O Wunderland der Triebe.
Komm doch ein bisschen näh'r. Mach es mir nicht so schwer .
      Ein jeder Mensch braucht Liebe.

Was macht der Zahnarzt in – in der Zahnärztin ?
Was hat er da verloren ?
Man sieht ihn mit Gefühl, drum zittert das Gestühl,
und mit Hingabe bohren.
(Refrain)

Was macht der Pfarrer in –
in der Pfarrerin ?
Halt, Freund, ich muss
schon bitten !
Nein, nicht was ihr so glaubt,
er tut nur was erlaubt.
Er liest ihr die Leviten.

Was macht der Priester in – mit dem Nönneken
in seiner Beichtkabine ?
O, das erfahrt ihr nie. Das ist geheim doch sie
entweicht mit froher Miene.
(Refrain)

Was macht der König in – in
der Königin
in seinem Himmelbette ?
Er ruckt so hin und her,
als ob 's ein
Staatsakt wär.
Er wahrt die Etikette.

Was macht der Doktor in - in der Doktorin ?
Was hat er nur für Ziele ?
O nein, das darf nicht sein, ganz ohne Krankenschein machen
sie Doktorspiele.
(Refrain)

Was macht der Meister in – in der Meisterin ?
Ohne sich zu zieren,
macht er mit viel Geschick ein echtes Meisterstück
und beide jubilieren.

Was macht der Schreiner in - in der Schreinerin ?
Fürwahr 'ne tolle Szene.
Er macht 's mit Herz und Blut, wie 's nur ein Könner tut,
das Hobeln ohne Späne.
(Refrain)

Was macht der Bäcker in –
in der Bäckerin
mit Seufzen und
mit Stöhnen ?

Sie ist so sanft und weich wie lockrer Kuchenteig,
drum tut er sie verwöhnen.

Was macht der Förster in - in der Försterin
in seinem Waldreviere ?
Es ist 'ne wilde Jagd.
Hört, wie sie jauchzt
und lacht,
streckt von sich
alle Viere.
(Refrain)

Was macht der Gärtner in - in der Gärtnerin
da drüben auf der Wiese ?
O, Mann, frag nicht so dumm !
Er gurkt da halt so rum.
Er produziert Gemüse.

Was macht der Schneider in - in der Schneiderin?
Man sagt, dass er sehr smart ist.
Sieben auf einen Streich. Geschlechtskraft überreich,
obwol das erst der Start ist.
(Refrain)

Was macht der Forscher in - in der Forscherin?
Was mag er da probieren?
Seht, wie sie keucht und schwitzt. Sie scheint stark überhitzt.
Gleich wird sie explodieren.

Was macht der Pförtner in - in der Pförtnerin ?
Die Leiber sich verranken.
In seliger Liebespein nur noch ein Fleisch zu sein,
da öffnen sich die Schranken.
(Refrain)

Was macht der Dichter in - in der Dichterin -
was mag er da nur treiben ?
Ihn treibt nicht rohe Brunst, nein, hohe Liebeskunst.
Hernach wird er 's aufschreiben.

Was macht der Sportler in - in der Sportlerin
da drüben in der Halle ?
In seinem Lieblingssport wohl einen Weltrekord.
Das wollen doch heute alle.
(Refrain)

Was macht der Golfer in - in der Golferin ?
Sein Schwung ist ungebrochen.
Groß ist sein Trainingsfleiß. Es fordert manchen Schweiß
das richtige Einlochen.

Was macht der Biker in - in der Bikerin?
Das regeln keine Ampeln.
Die Köpfe sind schon rot. Es wächst die Atemnot.
O, seht nur ,wie sie strampeln!
(Refrain)

Was macht der Camper in - in der Camperin?
Beachtet er die Regeln?
Campordnung muss ja sein, das sehen alle ein,
beim Rasenmähen und Vögeln.

Was macht der Schiffer in - in der Schifferin?
Ist denn Windstärke 7 ?
Sein Boot schwankt hin und her,als ob 's 'ne Wippe wär',
weil sie sich so sehr lieben.
(Refrain)

Was macht der Rentner in - in der Rentnerin?
Er ist so treu und bieder.
Er tut`s voll Zuversicht. Zwei mal im Jahr ist Pflicht.
Und nächstes Jahr schon wieder.

Was macht der Bayer in - in der Bayerin ?
Im Tal die Nebel brodeln.
Doch auf den höchsten Höhen der Lust, oho wie schön,
hört man die Bayern jodeln.
(Refrain)

Was macht der Bauer in - in der Bäuerin?
Da gibt`s gar nichts zu lachen.
Wenn sie auf Lust fixiert und völlig ungeniert,
mal ein Bäuerchen machen.

Was macht der Richter in - in der Richterin?
Er hält nicht viel von schlafen.
Er tobt sich total aus, fast wie im Freudenhaus,
gedopt von Paragrafen.
        (Refrain)

Was macht der Inder in - in der Inderin ?
Es sieht so aus wie Yoga.
Mal treibt er 's elegant, mal mehr extravagant
und mal im Kopfstand sogar.

Was macht der Neger in - in der Negerin
in seiner Mittagspause ?
Erst macht er 'n Niggerchen, dann macht er 'n Nickerchen.
Anschließend trinkt er Brause.
(Refrain)

Eine Zugabe für Ballermänner

Was macht der Säufer in - in der Säuferin?
Er wirkt nicht mehr sehr munter.
Verdammt, gleich schläft er ein,
doch vorher muss er speien.
O ne, er schluckt es runter.

Wer hätt` als Kind gedacht, dass so was Freude
macht?
O Wunderland der Liebe.
Komm mir bloß nicht zu nah! Mir ist so sonder-
bar.
Was sind das nur für Triebe-???

Autoerotik

Ich sündige....
Ich sündige....
Ich sündige hinfort nicht mehr
-äh- Verzeihung - im Ford nicht mehr,
ich hab jetzt `n VW.

Erfahrung

Wenn sich wohlgeformte Brüste
rhythmisch auf mich zu bewegen,
kann dies, ich gesteh es offen,
mich bisweilen schon erregen.

Erkenntnis

Die meisten Männer sind wie Ochsen,
drum können Frauen mit ihren Brüsten
sich gut durch 's Leben boxen.

Verona

„Sie haben keine Reverenzen? Macht nichts. Sie haben doch
ein ansprechendes Dekolletee. Da werden Sie geholfen."

Trost und Rat

Auch wenn du keinen
Busen hast,
lässt sich ein Mann
leicht finden –
dann trag das Dekolletee
nicht vorn,
dann trag es eben hinten.

Endstation Sehnsucht!
rien ne va plus

Ich kann den Blick nicht von ihr wenden.
Ihr Busen sehnt sich nach kosenden Händen.
Doch mein Arm ist in Gips und doppelt gebrochen.
Verdammt, was bin ich für ein armer Knochen.

Trimmtrab

Als ich gestern durch den Stadtpark joggte,
sah ich ein Frauchen , und mein Herz frohlockte.
Diesen Anblick werd ich nie vergessen.
Und ich frag: Könnt ihr mein Glück ermessen,
als ihr Busen heiter mich anstrahlte,
holder als es Renoir je malte.
Sinnbetörend wirken manche Blusen,
nun sehe ich, wo ich auch hinblick, Busen.
O, ihr Hügel, o, ihr tiefen Täler,
euer Liebreiz macht mich zum Erzähler.
Wohlig schmiegt sich hügelige Landschaft,
als wäre es erotische Verwandtschaft.
Barocke Villen reizen zum Beschreiben –
die Balkone – doch ich lass es bleiben.
Limousinen elegant geschwungen - - .
Was ist nur in mein Gemüt gedrungen?
Starr ich sinnend in des Himmels Bläue,
regen meine Träume sich aufs Neue:
runde Wolken seh ich bebend schweben,
so als wären 's Blusen voller Leben.
Heiß wird mir, doch Winde fächeln Kühle.
Die Sonne weckt erregende Gefühle.
Viele Männer schwören auf ihr Bierchen.
Jedem Tierchen gönn ich sein Pläsierchen.
Gönnt mir meins, und lasst mich weitertraben,
dass mich die Naturschönheiten laben.

Im Vorübergehen

Sie stand auf dem Balkon und trug einen Schlafrock, der ihre appetitlichen Brüste kaum verhüllte – Äpfel im Schlafrock sind eine Delikatesse. Er aber stand neben ihr, wirkte etwas kümmerlich, war halt nur ein Würstchen im Schlafrock.

Loblied auf den Frauensport

Ich sehe Frauen gern beim Kugelstoßen zu.
Der Anblick reizt mich, schenkt mir Glück.
Meine Augen sie liebkosen,
wenn sie rhythmisch federnd stoßen.
Wo alles schwingt und federt, o, mein Herz schwingt mit.

Ich sehe jungen Frauen gern beim Laufen zu.
Ihr Sporttrieb bringt mir viel Pläsier.
Sprinterhöschen eng und knapp - .
Manches wogt beim Trab im Takt.
Ich bin der größte Fan im Land und applaudier.

Und seht doch nur die Frauen auf dem Fußballplatz.
Kerle spielen viel zu roh.
Frauen wirken so geschmeidig.
Ihre Haare wehen seidig.
Und am Schluss da tauschen sie dann ihr Trikot.

Am liebsten aber stehe ich am Trampolin.
Dort schmilzt meine Seelenruh.
Wie elastisch sind die Glieder,
o, mein Herz hüpft auf und nieder,
und ich weiß dann nicht mehr, was ich denk und tu.

Frauensport ist so belebend und beglückend.
Niemand kann dem Bann entfliehen.
Wenn die Frauen sportlich springen,
fühl ich alles in mir schwingen,
und ich wünsch, ich wär - ich wär ein Trampolin.

Diese Perspektive offenbart betörend
wie ein Frauenkörper schwebt.
Und er stürzt auf mich hernieder.
Tut es immer, immer wieder.
O, wär ich doch ein Trampolin.
Ich wär so gern ein Trampolin,
weil nur ein Trampolin so Herrliches erlebt.

Der weise Tennisplatz-Hirsch

Es gingen drei Ladys einst auf die Pirsch.
Sie wollten erjagen den Tennisplatzhirsch.

Sie legten sich in einen Liegestuhl.
Da kam schon der Hirsch ,doch er tat ganz cool.

Die erste lupfte ihr Dekolletee.
Der Platzhirsch sah es und errötete.

Der zweiten verrutschte der Tennisrock.
Der Platzhirsch bekam fast vor Freude 'n Schock.

Die dritte fragt ihn ganz ungeniert,
ob er ihr ein wenig den Rücken massiert.

Da packte den Platzhirsch der Liebe Brunst.
Doch all sein Bemühen das war umsonst.

Sie haben ihn nur zum Butler gemacht,
ihn heimlich verspottet und ausgelacht.

Das merkte der Platzhirsch und hat verstört,
nur abziehend noch an der Theke geröhrt.

Dort dröhnte er sich seinen Schädel zu
und lässt seitdem alle Mädel in Ruh.

Das tut mancher Lady heute schon leid.
Sie wär´ ja so gerne – zu manchem bereit.

Jedoch der Hirsch ist jetzt klug und gescheit.

Casanovas Optik
(Golferweisheit)
Ein Schelm, wer Übles dabei sinnt.
Jedoch, wer immer nur
in ein Loch guckt,
wird blind.

Donnerlittchen

„Donnerlittchen", sprach Schneewittchen,
und es wogten ihre Tit – zianroten Locken.
Mann, da bist du von den Socken.
Jedoch ,mein Freund, lass dich nicht schocken!
Liegt dein Frauchen auf der Wiese
wie das Tor zum Paradiese
ihre Bluse lockend offen,
lieber Freund, dann darfst du hoffen,
Hügelländer zu besteigen,
und der Himmel hängt voll Geigen.
Warnung!
Vertiefst du aber den Besuch,
ist möglich ein Vulkanausbruch.

Einem Extremsportler

Warum in die Ferne schweifen ?
Sieh, die Gute liegt so nah.
Doch Männlichkeit sich zu beweisen,
fällt leichter im Himalaja.

Sehmannslied

Ich bin als Sehmann voll Lust und Verlangen
seit früher Jugend auf Fahrt oft gegangen.
Ich liebe das Mehr – die unendliche Weite.
Voll Sehnsucht ich meine Arme breite,
erblicke ich in der Tiefe die Küste,
der Meereswogen wippende Brüste.
Berauschendes Glück das Auf und Nieder,
der Steilküste Buchten liebkosendes Mieder.

Mir ist, als ob Sirena mich riefe
von jenseits der Zeit in dunkeler Tiefe.
Ich wag mich hinaus, sie zu besiegen,
im Nebel durch Schären und Brandung zu fliegen.

O ,welche Lust an blankem Gestade
Gezeitenspiel in Buchten aus Jade.
Tanze mein Schiff; denn Seemannsglieder,
gerade noch taub, erholen sich wieder.

Jage hinaus in die Wogenwüste,
ins Eldorado unendlicher Lüste.
Beseligend ist es ,das Ruder zu führen,
schmeicheln Sirenen, locken Walküren.
Es blähen die Segel, es ächzen die Rahen.
So ist schon mancher zum Abgrund gefahren.
Der Mastbaum wankt ,vom Blitz getroffen.
Orgiastische Stürme. Der Himmel steht offen.
Mein Schiff zerschellt. Die Kräfte erlahmen.
Liebkosend mich die Wogen umarmen.
Sie ebben ab. Ein letztes Schäumen.
Ich bin ein Sehmann – umgirrt von Träumen.

Marschlied mit Pauken und Trompeten (helau)

Im Fernsehen gibt ´s Helden mit Schultern so breit.
Ich ahne, zum Helden fehlt mir 'ne Kleinigkeit,
der Glaube, dass Nachruhm erstrebenswert ist.
Ich bin ein Busenfetischist.

Refrain:
Ich bin ein Bu-Bu-Bu- Bu- Busenfetischist.
Ihr ahnt ja gar nicht, ja gar nicht, wie wohl mir ist,
wenn Frauen an mir vorbei spazieren
und ihre Brüste im Takt vibrieren.
Wie wohl, wie wohl, o wie wohl mir dann ist.
Ich bin ein Busenfetischist.

Bitte zieht mich nicht ein zur Bundeswehr,
denn auf Männer steh ich nicht allzu sehr.
Ich finde nicht, dass ein Spieß grad sexy ist.
Ich bin Busenfetischist.

Ich fahre nicht zum heißen Senegal.
Mir sind andere Länder ziemlich egal.
Die Arktis find ich viel zu kalt und trist.
Ich bin ein Busenfetischist.

Überstunden klopp ich nicht im Stress.
Lauf Übungsrunden nicht im Trimmtrabdress.
Ich bleibe dort, wo es Bhglich ist.
Ich bin ein Busenfetischist.

Schließe ich dereinst meine Augen zu,
so bettet mich behutsam zur ewigen Ruh.
Setzt mir keinen Grabstein, der eckig ist!
Ich bin ein Busenfetischist.

Apokryphe
Es sprach der Rotterdam Erasmus :
„Nicht Klugheit zählt, sondern Orgasmus."

Bekifft
Otto hat sich in Veronas Busen verliebt.
Er ist ihr treuer Busenfreund.
Er sagt, dass ihr Busen ihn mehr antörnt,
als ein strammer afghanischer Joint.

Unser Dieter

Unser Mieter kein Mieder mied er,
doch unser Mieter
wurd' müder und müder,
und ein müder Mieter
meidet Mieder.
Jede Maid merkt mit der Zeit
wie müd' unser Mieter,
unser Mieter Dieter.

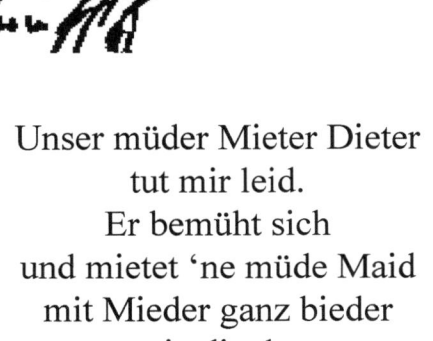

Unser müder Mieter Dieter
tut mir leid.
Er bemüht sich
und mietet 'ne müde Maid
mit Mieder ganz bieder
wie die da,
o Dieter.
Jetzt fühlt sich Dieter wieder nutz und
wird Präsident im Miederschutzbund.

Ikarus

Die Erde ist umgeben
von einer belebenden Lufthülle.
Atemlos aber macht
deine berauschende Duftfülle.
Tauche ich in sie ein,
lockt Gier mich nach heißem Kontakt,
so als hätt' ein Taifun mein Innerstes gepackt.
Mich reizt dein schmiegsamer Leib
der so verheißungsvolle.
Mein Radar spielt verrückt
und gerät schier außer Kontrolle.
Haltlos Hals über Kopf
stürze ich Rasender ab.
Ist es ein Sturz in den Himmel
oder ins eisige Grab?

Gespinst

Der Linde im Wind spinnt die Spinne geschwind
ein silbriges Gebinde.

Wie sie geschwind im Winde spinnt,
so spinne auch ich, o Dietlinde.

Ich spinne geschwind dir im linden Wind
ein lyrisches Silbengewinde.

Dietlinde, die
Winde wehen so lind.
Gar lind wiegt im Wind
sich die Linde.

Dass ich bei dir nur
Erfüllung find'.
Das raunen betörend die
Winde.

O, du meine biegsame,
du meine schmiegsame,
du innig geliebte Linde,

erotisch wölbt sich deine Rinde.

Ohralsex

Als er spürte ,wie sie zärtlich an seinem Ohr knabberte, wurde ihm endlich klar, was das bedeutet „Ohralsex".

Der kleine Unterschied

Sie hatte Schmetterlinge im Bauch, er Erbsen.

Der Busen der Natur

Sie hatte die berühmtesten Brüste
an der gesamten Atlantikküste.
Lieblich geschwungen, oft besungen,
nicht nur von Alten – auch von Jungen.
Die hehre, die stolze, die mächtige ,kühne,
die unter Naturschutz stehende Wanderdüne.

Verminter Strand

Es sonnten sich Frauen an der Meeresküste,
o Wollust und Grauen, die zeigten Brüste
so dick und breit wie Tellerminen.
Nur ganz behutsam nahte ich ihnen
und entdeckte, ich bin ja kein Blinder,

sofort die geölten Aufschlagzünder.
Der Anblick mähte Männer glatt nieder.
Gar furchtbar zitterten ihre Glieder.
Drum meidet den Strand und meidet die Dünen,
wo Sexbomben lagern und Tellerminen.

Mitglieder und Mitlöchle

Bei FKK man 's deutlich sieht ,
jeder Mann ist ein Mitglied.
Und klar ist es wie Sonnenschein,
'ne Frau kann gar nicht Mitglied sein.
Doch spöttisch pfeift sich eins das Friedchen:
„Die meisten sind doch nur Mitgliedchen."

Das Gewitter

Es goss in Strömen und der Donner rollte
bedrohlich näher über Fluss und Feld.
Ein Narr, wer da spazieren gehen wollte.
Die Wolken hingen schwer, der Donner rollte,
und Wasser floss um unser kleines Zelt.

Ängstlich lagst du auf deiner Luftmatratze.
Die Blitze schreckten dich. Du wurdest schwach.
Du kamst zu mir wie eine kleine Katze
nach Wärme suchend einem trocknen Platze,
dieweil der Regen hämmerte aufs Dach.

Wir rückten enger noch als eng zusammen.
Du kuscheltest dich ein in meinen Arm.
Nur Moralistenwahn kann uns verdammen.
Der Himmel selbst schickte uns Blitzesflammen.
Da wurde langsam uns ganz prächtig warm.

Es goss in Strömen und der Donner rollte.
Doch unser Zelt hielt stand in jener Nacht
wie eine Festung, und dein Lachen tollte
so übermütig, dass der Sturm sich trollte.
Ihm folgte eine wunderfrische Nacht.

In der Sommerzeit

In der Sommerzeit,
wenn die Sommersonne gleißt,
wenn ihr Feuerhauch
dich wie Raubtieratem beizt,
dann mach 's halblang,
lass die Arbeit,
fahr zur See.

Schwimm im frischen Wasser
wie ein silberheller Fisch,
tauche tief hinab,
bis die Helligkeit erlischt,
fühl das Wasser,
seine Kühle,
werde frisch.

Fang dir flink 'ne Nixe
noch im kühlen Wasser ein.
In der Sommerzeit
und im Sommermondenschein.
Es ist heiß,
du brauchst Kühle.
Es ist heiß.

In der Sommerzeit,
wenn die Sommersonne gleißt,
wenn ihr Feuerhauch
dich wie Raubtieratem streicht,
schärf die Tatzen,
werde Löwe.
Such dir Fleisch!

Spiel

Wir spielen Kampf. Du suchst zu siegen
und willst doch willig unterliegen.
Du unterliegst. Du kluges Tier.
Wir spielen Löwe, Panter, Stier.

Die Nacht erglüht. Kühl wehen Lüfte
und sinnverwirrend Gräserdüfte.
Ich seh zwei Monde glänzen rund.
Du bäumst dich auf mit weitem Mund.

Wir fallen, fliegen, Körper geben.
Säfte tanzen. Triebe leben.
O gib und nimm, gewinn und gib.
Der Mensch ist Sinn, berauscht vom Trieb.

Flitterwochen

Nichts tun
genießen
einfach nur gemütlich
auf der faulen Braut
liegen ....

Halali

Ein Förster ging mit seiner Maid,
es war zur duft'gen Sommerszeit,
im Walde Füchse jagen.

Dort selbsten war sein Herz so warm.
Er nahm die Maid in seinen Arm.
Sie tat sich nicht beklagen.

Sie trug ein luft'ges Dekolletee.
Den Förster packte Liebesweh.
Er wusste nichts zu sagen.

Wie war die Maid so wohlgerundt.
Sie lacht ihm zu mit frohem Mund:
„Was Jäger wirst du jagen ?"

Der Förster dachte : Füchse, Füchse.
Es zitterte der Lauf der Büchse,
denn ihn verlockt ihr Fragen.

Durst kam ihm nach der Liebe Born.
So pflanzt er sein Gewehr ins Korn,
hat Liebe viel genossen.

PS Füchse fanden sein Gewehr.
Sie luden ,zielten ,hört die Mär:
Der Jäger war bald ganz erschossen.

Lieber scharf sinnlich als schafsinnig - määh -

Die Schrotkur

(Upländer Wildsauerland)

Im Heidekraut, wenn man so schaut,
sieht man den Kopf oft und den Hals
von Touris, welche auf der Balz .
Schleicht sich ein Spanner lustvoll näher,
entdeckt er garantiert noch mehr.
Doch edlen Waidmann dies verdrießt,
er lädt mit Schrot, er zielt und schießt.
Dann setzt den Doktor er in Marsch,
weil nun ein Hintern ist im A....
Ach du meine Güte!
So mancher Touri fährt nach Haus'.
Total geheilt von Saus und Braus.

Mein Kind, wir Männer haben 'n Vogel.
Ihr Frauen habt dafür ein Nest.
Ach, traurig ist es für 'n Vogel,
wenn man ihn nicht ins Nestlein lässt.

Kleine Vögelei

Der Vogel will ins Nest,
tschieb, schieb,
o hab den Vogel lieb,
o streichle ihn mit sanfter Hand,
liebkose zärtlich sein Gewand,
tschieb, schieb.

Doch drück ihn nicht zu fest,
tschieb, schieb,
o hab den Vogel lieb,
bisher war er nur stets allein,
das kleine liebe Vögelein,
tschieb, schieb.

Sieh, wie er sich vor Freude streckt,
tschieb, schieb,
o hab den Vogel lieb,
o hab ihn lieb und lass ihn ein,
dann wirst auch du sehr glücklich sein,
tschieb, schieb, schieb.

Oh du

Oh du, Geliebte meiner Fingerspitzen,
oh, du Angebetete meiner rechten Herzklappe,
oh du, mein Nierenstein,
mein Goldzahn, mein Neuröschen.
Oh du, du, du,
unsagbar Liebe ,
du meiner Torheit,
meines Liebeswahnsinns,
meiner kreuzverqueren Sinne Licht,
lass mich dich küssen,
lass mich umarmen deinen großen Zeh,
lass mich ihn herzen,
ihn vor Leidenschaft verzehren.
Ich weiß nicht aus, nicht ein,
nicht hin ,nicht her,
nicht wie und was und wann.
Nur deine zarten Brüste lass mich streicheln.
Und deiner goldenen Haare Flut
gieß über mich,
dass ich vor Lust ertrinke
im Nabel deines Seins,
in deines Körpers Rausch..

Du Trunkenheit,
du Göttin meiner Liebe,
verlass mich nicht.
Ich liebe dich,
lieb jede Pore, jedes Haar,
lieb deine Finger, deine Zehen, deine Zähne.
Nicht trank ich deines Atem Süße ganz,
nicht weiß ich
jede Regung deines Blutes.
Ich liebe dich.
In deiner Achselhöhle
schlummre ich,
träumend von neuem Glück,
von neuer Offenbarung.
O, halt mich fest,
bis ich vor Glück
erstick.

(Wer immer nur vernünftig ist,
macht garantiert den größten Mist.)

Auf ein Halskettlein

Es war in einer lauen Nacht,
da sah er ihres Ausschnitts Pracht,
da sah er viel und fühlte wie ein Mann.

Hat unverwandt sie angeschaut,
ihre wellness-sanfte Haut
und verfiel allmählich ihrem Bann.

Keine Frau war je wie sie.
Lüstern bis zu ihrem Knie
tastet er fast unbemerkt sich vor.

Die Weite ihres Dekolletee
lockte ihn in ihre Näh,
verlockte ihn, und staunend wie ein Tor

verfiel er einer wilden Lust.
Sie tat, als wär 's ihr nicht bewusst
und beugte sich einladend zu ihm vor.

Verlockend war der Brüste Schein.
Er wankte, schwankte, fiel drauf rein,
und ihr Büstenhalter schnappte zu.

Platt war er, sie hat gelacht
und ihn vollends flach gemacht,
an ein golden Kettlein ihn gehängt.

Wer nennt die Lust ? Wer nennt die Pein ?
In ihrer Brüste Elfenbein
ist er wie im Schraubstock eingezwängt.

Da hilft kein Klagen : Weh und Ach.
Ihr Männer denkt beizeiten nach,
bevor ihr lüstern euch den Hals verrenkt.

Der Casanova

Da gab 's einen Kerl in Hannover,
sah der 'n Kamelhaarpullover,
dann spielte er gleich
dann spielte er gleich
dann spielte er gleich Casanova.

Sie war ein Mädchen vom Lande,
das sich mit Ochsen auskannte,
egal in welchem
egal in welchem
egal in welchem Gewande.

Und als er sie lüstern taxierte,
ihr Busenhalter vibrierte,
vibrierte so kräftig
so kräftig und heftig
vibrierte, bis er explodierte.

Ihm knallte ein Knopf an den Schädel,
auflachte das dralle Mädel,
denn er stand da
denn er stand da
denn er stand da wie ein Blödel.

Gelassen blieb sie und locker.
Ihn aber haut es vom Hocker.
Auch bekam er, oDrama,
welch Panorama,
auch bekam wohl einen Schock er.

Sie zog ihm sein Beinkleid hinunter,
jedoch der Gunter nicht kunnt' er.
Da sprach sie zu ihm,
gemach zu ihm,
da sprach sie zu ihm ganz munter:

Mein liebes Bürschchen verpiss dich!
Und siehst du 'ne Lady, vergiss nicht,
Don Juan bist du
Don Juan bist du
bist du bestimmt ganz gewiss nicht.

Er war ein Kerl aus Hannover,
tat groß stets als Casanova.
Das ist nun vorbei
endgültig vorbei.
Das ist nun vorbei und over.

Over, o wer kommt denn da ?
Der Gunter ist 's aus Hannover.
Komm, altes Haus,
ich spendier dir 'n Bier,
und anschließend

gehen dann auf Weiber wir.

Infight: Über-Ich und Unter-Ich

Ihrer Brüste Überhang erweckte in ihm Überschwang
erregender Gefühle.
Da flüsterte sein Unter-Ich: „Dem Über-Ich geb Zunder ich.
Mein Triebstau, der ermuntert mich.
O, dieses Weib bewunder ich, ob drüber oder drunter ich,
ob platt so wie 'ne Flunder ich.
Es kommt nun mal so über mich."
Voll Grauen floh, es wundert nicht,
das unterlegene Über-Ich und über blieb das Unter-Ich.
Drum Unterricht sucht 's Über-Ich.
Ein Bommerlunder reicht da nicht.
Feuer und Frost – Paradise lost.
Und nirgends Trost. Prost !

Zeitgemäße Aufklärung

(oder vom Niedergang der Herrenrasse)

„O; armer Sohn, erbleiche, erblasse!
Breit macht sich in Deutschland die Damenrasse.
Selbstbewusst mit kecken Blicken
werden sie dir in den Hintern zwicken.
Ohne Scham sind diese Walküren,
nur darauf erpicht, dich zu verführen.
Siehst du die Leiber die vielgestaltigen ?
Alle bereit dich zu vergewaltigen.
Zwar tun sie harmlos und lächeln und kichern.
O, Söhnchen, lass dir von mir versichern:
Sie wollen dir nur deine Unschuld rauben.
Misstraue ihnen! Mir kannste glauben.“

„Ach, Vati,
lass mich hinaus
in den Garten.
Ich kann es vor
Freude
kaum noch
erwarten.“

Tschüs

Wir saßen in der Häschen-Bar.
Du hattest platinblondes Haar
und warst nicht grad aus Erz.

Dein Kleid war einzig Dekolletee.
Mir schwindelte in deiner Näh.
Du zeigtest soviel Herz.

Du warst fantastisch gut gebaut
und hast mir vieles zugetraut,
so ging 's rasant vorwärts.

Die Nacht mit dir war scharf gewürzt.
Gern bin ich bei dir abgestürzt.
Ich konnt nicht widerstehen.

Dein Mund, dein Mund, er war so rot
Du küsstest mich beinah halbtot,
jedoch solch Tod wär' schön.

Die Zeit ging viel zu schnell vorbei.
Adios, tschüs, leb wohl, good bye!
Ob wir uns wiedersehen ?

Beim Begattungsunternehmer

Guter Rat

Komm der keuschen Janina
ja nie nah,
und auch der Nina
nie nah.
Trotz aller Avancen sagt auch Nana
nur: „Na ‚na!"
Aber frag mal Wilma.
Wilma will ma'.
Und erst die Heidi
heidiiii !
Aber lass die Viki
die Viki
die ....

-

Vati, Fatima und Vatis Ma'

Zur überaus üppigen Fatima oho -oho,
sprach Vati mal : „Lass Vati mal, inkognito!"

Und Fatima ließ Vati mal, oho Senior.
Da fühlte sich Vati mal maximal, mal Matador.

Doch Vatis Ma' den Vati sah, oh Satan, oh –
mit Fatima das war fatal, fatalissimo.

Sprach Vatis Ma' zu Fatima: „Wieso-so-so ?
Wieso wackelst du vor dem Vati so neckisch mit dem Po?"

„Dein Vati zahlt auf mein Bankkonto mit Scheck blanko."
Dies hörend schlug Vatis Ma' Fatima gekonnt k.o.

„Nie wieder tu ich `s mit Vati gratis, so oder so,
weil gratis häufig für Vatis fad ist, blamagio.

Soll er doch zur hübschen Fatima, okay, okay.
Ohne Geld jedoch sagt Fatima. „Oh geh, geh, o Käse."

Geld schafft Geltung, doch Liebespein, oho, Vati.
Im Grunde bist du ein armes Schwei – g , desperati.

Sorry, o sorry Vati, Vati ist Storch im Spinati.
Die Liebe ist futschikati, futschi calamitati.

Schüttelreime

In der Erotik schaffst du Blitzsiege,
bist im Besitz du einer Sitzliege.

Es sagen alle Basen : „Nein."
Hängt ein Tröpflein dir am Nasenbein.

Willst du nicht, dass die Mädchen lachen,
musst zu dein Hosenlädchen machen.

Ich spüre deine Lenden auf der Blumen-Liegewiese,
wenn ich in Händen deinen Busen wiege Lise.

Es sprach die Jungfrau: „O, sei mein ‚Karl.
Ich glaub dir ja, einmal ist keinmal."

Ihren Minirock scheu hob er
zaghaft höher im Heuschober.
„Sei," sprach sie, „nicht scheu Recke,
wie 'ne scheue Heuschrecke.
Fühlst du was in der Hose recken,
hab nicht Angst vor Rosenhecken.
Idioten in der Ferne kicken.
Ich würd' dich allzu gerne f-ragen:
„Sag, siehst du nicht den Mondschein?
O, länger nicht verschon mein!"

Schneewittchen

Kennt ihr Schneewittchen ?
Sie hat so wunder – wunderschöne   -?
Na, was wohl ?   „Tittchen?"
Quatsch —
Sie hat so wunder- wunderschöne Ohren.
Kennt ihr Schneewittchen ?
Sie ist so wunder – wunder – wunderschön.
Besonders schön sind ihre Ohren,
ja ihre Schönheit ist fürwahr extrem.

Kennt ihr Schneewittchen ?
Sie hat so wunder – wunderschöne Läppchen.
Kennt ihr Schneewittchen ?
Sie ist so wunder – wunder – wunderschön ?
Besonders schön sind ihre Läppchen (Ohrläppchen).
Ja ,deren Schönheit ist fürwahr extrem .

Kennt ihr Schneewittchen ?
Sie hat so wunder – wunderschöne
(Wie heißen diese Dinger doch gleich ? Ach, ja _)
Tittchen.
Kennt ihr Schneewittchen ?
Sie ist so wunder – wunder – wunderschön.
Besonders schön sind ihre Tittchen.
Ja, deren Schönheit ist fürwahr extrem.

Da kommt Schneewittchen.
Gestandene Männer werden Zwerge.
Ihr Hirn verkrampft,
nur weiter südlich ist was los.
Verlockend sind schneeweiße Berge.
In mancher Hose ist der Teufel los.

O, komm Schneewittchen.
Es nahen abertausend Zwerge.
Oho, Schneewittchen,
du trägst ein raffiniertes Kleid.
Es wippen deine Wonnepuffer.
O, bringe sie zu mir in Sicherheit !

Kennt ihr Schneewittchen ?
Sie hat so wunder – wunderschöne ...
(Und jetzt bitte alle mitträumen und mitträllern ‚Mimik und
Gestiknicht vergessen....)

Dornröschen

Sie schlummerte hold. Er hob ihren Rock
und sah einen niedlichen Rosenstock.
Er dachte: „Ist meine Wehr auch klein,
groß ist mein Mut, ich wag mich hinein.

Das Bettchen vibrierte, es bebt das Gemach.
Menschen und Tiere im Schloss wurden wach.
Aufwachten König und Königin.
Bald hatten auch sie nur das Eine im Sinn.

Das Personal vernahm es mit Freude,
und wenn sie nicht gestorben sind,
dann lieben sie sich noch heute.

Der Froschkönig

Jeder Mann hat 'n Frosch in der Hose.
Wird der von einer Frau zärtlich geküsst,
verwandelt er sich im Handumdrehen in
einen neugierigen Prinzen. O, Liebling,
wenn du das verstehst, bieten sich uns
ganz neue Perspektiven. Wenn du hingegen
den Frosch nimmst und ihn an die Wand
wirfst, gibt es vielleicht einen Riesenknall
und dann - ? Tja, ich weiß auch nicht mehr
genau, wie das Märchen ausging. Ich muss
mich mal wieder mit diesen alten Texten
befassen. Bitte, sei kein Frosch, hab Humor!
Übrigens – ich liebe dich, egal wie, so oder
so   sowieso
dein Frosch

Sterntaler

Die vermeintliche Sternstunde von
Sterntaler schlug,
als sie sternhagelvoll sich bis aufs
Hemdchen auszog, um den alten Mann
zu wärmen. Dieser hatte ihr den Himmel auf Erden versprochen und log
vom Himmel ihr sämtliche Sterne .
Tja, wer solches vermag, den wärmt
man halt gerne.

Das Kornröschen

Erst trank Röschen 'n Korn und dann noch 'n Korn
und noch 'n Korn. Ja, es wurde 'ne ganz schlimme Fee – Fete.
Schließlich sank sie blau wie 'ne Kornblume in
(wie 's ihr schien) 100jährigen Kornröschenschlaf. Als sie spät
morgens aufwachte, fühlte sie sich, als hätte sie ein großer,
quabbeliger Frosch wach geküsst. Es war aber nur ihr Chef und
der sagte: „Ich bin ein verwunschener Prinz.
Doch halt, das ist, glaub ich, bereits ein anderes Märchen.

Rapunzel

Neueste textkritische Forschungen haben ergeben,
eigentlich hieß es ursprünglich : „Rapunzel, lass deinen
BH herunter." Das ganze Märchen muss folglich neu
interpretiert werden.

Schneewittchens Stiefmutter:
„Spiegelein, Spiegelein an der Wand,
wer hat die schönsten Implantate im ganzen
Land?"
„Frau Königin, Ihr seid die schönste hier,
aber Schneewittchen hat viel größere als ihr."

Bombig

Mann, die Frau war 'ne Granate.
Es wackelten die Implantate.
Doch alles Plastik, schade! Schade!
Ansonsten tolle Apparate.

Schnäppchen der Woche

Heute frische Silikonbusen !
Zwei zum Preis von einem –
und dazu ein kostenloses
Silikonhirntransplantat.
Echt geil!

Ein süßer Fratz

O Kunigunde, o Kunigunde,
dein Busen ist in aller Munde,
ist süßer noch als Zuckerwatte.
Komm zu mir in die Hängematte!

Limericks

Die liebreizende Kitty Susen sagte:
„Komm, lieber Mann ‚lass uns schmusen!
Wenn du mich küsst
und zärtlich bist,
hole ich auch aus dem Schrank meinen Busen."

(Lokruf der Liebe)
Emma, ein emmazipiertes Frauchen
ist süchtig nach Stumpen rauchen,
mag auch auf Kissen
beim Sex sie nicht missen.
Dampflokartig klingt dann ihr Fauchen.

Ein Berliner Mädchen, ein kleenes,
sprach : „Dies und das und jenes
find ich zum Kichern,
doch kann ich versichern:
„Nichts erheitert mehr als ein Penis."

Da gibt es ein Mädchen in Mainz.
Eine wie sie, findest du keins.
Täglich ohne Reu
ist sie treu, so treu
Fritz, Otto, Franz, Peter, Horst ‚Heinz.

Die Friesin Frauke hätte gern geküsst ich.
Sie war nicht plattdeutsch, sondern vollbrüstig.
Doch ewig sie strickte,
niemals sie f- eierte.
Sie war nur in punkto Wolle wol-
lüstig.

Wunderschön ganz gewiss
ist Fräulein Tusnelda Smith.
Nur als jemand sie neckte,
da aus Scherz bleckte
sie ihre Zähne, doch o, sie vergaß ihr Gebiss.

Gestern sah ich abends späte
die wunderschöne Margarete.
Mein Herz ist entzückt,
drum schreib ich beglückt
Liebesgedichte auf jede Tapete.

Eine Schönheitskönigin im Harze
hütet auf ihrer Nase 'ne Warze.
Die ist bemoost,
wenn man die kost,
versteift sie sich und dann knarrt se.

Ein junger Mann in Gottsbühren
tat voll Elan 'ne Hostess verführen.
Doch der Casanova
fühlte bald sich als Doofer;
denn sie kassierte
von ihm penibel
Gebühren.

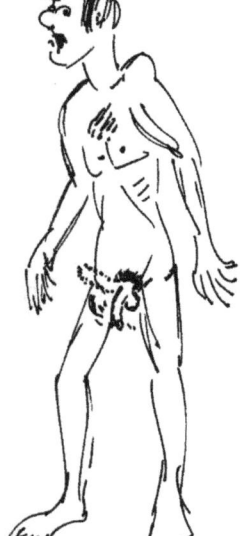

Da gab 's eine Lady mit Zaster
und Brüsten aus Alabaster.
Doch roch sie nach Zwiebel.
Jeder Zwiebel wurd übel.
Merke: Auch Zaster ersetzt nicht Zahnpasta.

Ein Mädchen in St. Louis
hielt nicht viel von romantischem Schmus.
Sprach ein junger Mann
sie schüchtern an ,
meinte sie sachlich und kühl stets nur : „Tu `s!"

Ein Macho muskulös und cool
wippte lässig einst auf seinem Stuhl.
Mit Blicken verliebt
haben die Girls ihn durchsiebt,
doch er blieb unnahbar, gelassen und schwul.

Mit 'ner Lady 'ner keuschen und braven
wollte so mancher * Obulumo schlafen.
Doch sie voller Jugend
setzte eisern auf Tugend
und versenkte die Kerle im Hafen.
(*Oberbundeslustmolch)

Ein Pärchen stand einst am Rheinfall.
Der Mann kriegte plötzlich 'n Einfall:
„Frau, spring da rein!"
Doch sie stieß ihn rein
und lachte: „Was für ein spritziger Einfall."

You are my destiny

Du bist mein Morgenstern.
Du bist mein Abendstern.
Du bist mein Nah und Fern.
Du bist mein Glückskonzern.

Du bist mein Solitär,
bist mein „Nimm `s halb so schwer!"
Du bist mein Militär
und auch mein Kreuz und Quer.

Du bist mein Oktopus,
mein Tief- und Überfluss.
Du bist mein Abakus
und auch mein Sockenschuss.

Du bist mein Sündenfall,
das Glück von Edenhall,
du bist der Sterne All,
mein Hier- und Überall.

Du bist die Ewigkeit,
bist meine Seligkeit,
du bist mein Herzeleid
und stets zum Scherz bereit.

Du bist mein Sonnenstich.
Du bist mein Über-Ich.
Du bist mein Unter-Ich.
Verdammt, ich kenn dich nicht.

Du bist die Zauberkraft,
die vieles wirkt und schafft,
von Träumen hingerafft,
du bist der Lebenssaft.

Weiß nicht, was ich noch soll.
Mein Herz ist übervoll –
bald dur , dann wieder moll,
mal Riese und mal Troll,

doch Schluss jetzt ,Schluss jawoll.

Bibbi

I leb, i lob, i lab, i lieb di
I lieb di Bibbi
Im Tippi lieb i froh die Bibbi
I liebi do die Bibbi
Auf Bibbi wippi
Yippi im Tippi
Wie lieb i die
Lieb i da, lieb i do
Mein Hippi Baby Bibbi
Lieb i im Tippi
Yippi hippi
Titti wippi
O, wie i die lieb i
My Tippi Baby Bibbi
Yippi im Tippi
Yippi

Hei, die Heidi

Hei, da
Hei, der
Hei, die
Hei, die Heidi
Hei, der
Hei, dass der Dieter die Heidi
Dass der die
Dass die das
Dass das die
Dass auf der Heide die Heidi
Dass auf der der Dieter
Dass der die da
Dass die da das
Dass das da die
Dass das Dieter und Heidi
Nana, nana
Nanna soll sie heißen
Die von Heidi und Dieter
Die sie da
Sieh da, da sieh
Nanna
O lala
Si si

O, Margaret

O, Margaret, o, Margaret,
du ziehst mich an wie ein Magnet,
drum zieh ich aus ‚eh' es zu spät.
O, Margaret, o, Margaret.
Sonst klebe ich noch an dir fest
und allzu fest das ist ein Fest,
das man am besten unterlässt.

O, Margaret, o, Margaret,
du siehst mich an, es ist schon spät.
Du ziehst mich aus bis aufs Toupet.
O, Margaret, o, Margaret.
Ich glaub, ich bleib doch lieber da.
Du sagst : „Das war doch eh schon klar."
Ich stimm dir zu und sag : „Oha."

O, Margaret, o, Margaret,
der Mondmann heimlich Sterne säet.
Du bist kein mageres Gerät.
O, Margaret, o, Margaret,
Zuneigung schmeckt wie Haribo.
Wer sie genießt, geht leicht k.o. .
Hernach k.o. macht beide froh.

O, Margaret, o, Margaret,
ich häng an dir wie festgenäht.
Ich bin es, der benommen fleht:
„O, Margaret, o, Margaret,
es ist so kalt in meiner Gruft.
Beatme mich und schenk mir Luft!"
O, wie berauschend ist dein Duft.

O, Margaret, o, Margaret,
zur Liebe ist es nie zu spät.
Du bist mein Halt, bist mein Komet.
O, Margaret, o, Margaret,
ich liebe dich von spät bis früh.
Die schönste ist die Liebesmüh.
Ich spür, dass ich vor Lieb verglüh.

O, Margaret, o, Margaret,
du hast mir Kopf und Hals verdreht,
drum ist jetzt wirklich all's zu spät.
Der Liebe Sichel mäht und mäht,
so dass mir hören und sehen vergeht,
bin abgemäht und durchgedreht,

o, Margaret, o, Margaret.....

Die Trendsportart number one
war schon in Sodom : Fick for fun.

Duett (do it)

(Er :) "Gnädige Frau, ich hätt' ein Bittchen,
zeigen Sie mir Ihre Tittchen?
Ach, ich bin ja so in sie verliebt."

(Sie:) „Junger Herr, o bitte sehr,
kommen Sie doch etwas näher
und dann tun wir ganz, was uns beliebt.

Kalt ,ja kalt sind Ihre Hände.
Oh, da fröstelt meine Lende.
Wärmen Sie sich erst mal bei mir auf!"

(Er:) „Gnädige Frau, o quel pläisir.
Ich fühl, dass ich schon nicht mehr frier.
Ja, nun nimmt die Liebe ihren Lauf.

Majestätisch wogt Ihr Mieder.
Aufgehakt sinkt es hernieder.
Ihres Leibes ungezähmte Pracht

reißt mich her und reißt mich hin,
macht dass ich so glücklich bin.
Ja, das hätt' ich nie, nie, nie gedacht."

(Sie:) „Junger Herr, oh, nicht nur Worte,
Raspelein aus der Retorte,
mich befriedigt nicht ein Liebeslied.

Ja, ich bin ein schwaches Weib.
Es ersehnt mein Unterleib,
dass nun bald etwas mit ihm geschieht."

(Er:) „Gnädige Frau, ich schwör es sakra.
Ich kauf im Großversand Viagrah.
Höchste Lust ist bei mir garantiert.

Bin ein Mann, der immer kann."
(Sie:) „Stimmt das wirklich? Na ja, dann
Wird das sofort gründlich recherchiert.

O ja, so ist gut, o ja.
Etwas tiefer, o lala."
Beide : „Höchstes Glück ist amouröse Qual.

Die Sekunden diese schönen,
wenn wir schwitzen, seufzen, stöhnen,
immer wieder – wieder noch einmal.

Hin und her und auf und nieder.
Lustvoll beben alle Glieder.
Jeden Rammler packt Karnickelneid."

(Er:) „Selbst in Sodom und Gomorr`
besaß niemand so ein Rohr.
Dank der Pille herrscht Fickseligkeit."

(Beide:) „Ja, wir schwitzen, seufzen, gieren,
wollen uns sado- masokrieren,
denn die Lust macht total hemmungslos.

Lifestyle heute, das ist Spaß-Muss!
Höchstes Grundrecht der Orgasmus
bis zum finalen Todesstoß."

(Exzessives Stöhnen, Musik verebbt,
Röcheln, Todesglocken, Stille)

„Die Kopulationsdauer bei der Biene beträgt zwei Sekunden,
beim Braunbären ein bis zwei Minuten und beim Wurm vier
Stunden."
Aus : „Der Superorgasmus" von Lou Paget

PS.   Viagrah
Bei geistiger Impotenz taugt auch Viagrah nicht, aber es lenkt fantastisch ab - echt geil!!!

Abera kadabera Rababera

Der Zauberer schloss das Zauberschloss,
weil ihn des Alltags Last verdross.
Er schwang sich auf sein Zauberross
und ritt zu seinem Zauberboss.
Der Zauberboss der Zauberer,
der war fürwahr kein Zauderer.
Er griff zu seinem Zauberstab
('n Zauberstab hat jeder Knab)
und zauberte ein Zauberweib
dem Zauberer zum Zeitvertreib.

Da kehrte jener nun voll Glück
mit diesem Zauberstück zurück.
Alsbald in seinem Zauberschloss
verzaubert er sein Glück genoss
und zauberte mit Zauberstab,
was es allda zu zaubern gab.
O, hast auch du ein Zauberweib
zum Zauberspiel und Zeitvertreib,
genieße jeden Zaubertag!
Und niemals kläglich zaudernd klag.
Und sei kein fauler Zauderer,
nein, liebevoll ein Zauberer.

Dass dich der Liebe Zauber lab',
benutze deinen Zauberstab !

Das neue Esszimmer

Meiner Frau bringt 's höchstes Entzücken,
kann sie je nach Eingebung Möbel verrücken.

Wo gestern der Kühlschrank, stehen heute die Betten.
Doch wo sind mein Schnaps und die Zigaretten ?
Im Schlafzimmer gluckert die Badewanne
und in der Garderobe die Kaffeekanne.

Das macht mich nervös. Wer kann 's mir verübeln ?
Meine Frau hat Visionen, und ich komm ins Grübeln.
Ich trage tagsüber teuere Zähne,
und mich befällt Angst, wenn im Schlaf ich mich dehne,
findet sie mein Gebiss, wird sie es ergreifen
und mir ganz spontan in den Hintern kneifen.

Den Frevel werd ich indes nicht verknusen,
dann versteck ich aus Rache ihren Busen.

Arme Sau

Eine Wildsau verliebte sich einst Hals über Kopf in einen
schmucken Jägersmann und näherte sich ihm seufzend und
mit schmachtenden Blicken. Der Jäger hatte gutes Büchsen-
licht und brachte treffsicher die arme Sau zur Strecke.
Moral: Wen Liebe blind macht, der gerät leicht auf die Ab-
schussliste.

Wenn ich einst alt bin

Wenn ich einst alt bin so um 100 Jahr.
Die Zeit vergeht so schnell.
Wirst du noch immer bei mir sein?
Lachst du mit mir, trinkst du mit mir Wein?

Wenn Falten mich prägen, die Stimme versagt
und ich merkwürdig bin,
ein alter Kauz mit skurrilen Ideen.
Hast du dann noch was mit mir im Sinn?

Backst du mir 'ne Torte ? Klopfst du bei mir an ?
Sagst du aufmunternd: „Komm!" ?
Auch wenn ich grantle dann und wann ?
und längst nicht mehr tauge als Supermann.

Was für Gedanken ? Sie stellen sich ein.
Ich werd wohl langsam alt.
Die Blätter fallen nah und fern.
Die Wolken ziehen, und mir ist kalt.

Ich brau mir 'n Glühwein oder 'n Grog,
leg eine Platte auf
von Louis Armstrong „a wonderful world".
Das bisschen Rauschen nehm gern ich in Kauf.

Wir machen ein Tänzchen mit Vor und Zurück,
vielleicht auch einmal drehen,
mal Abstand ,mal Nähe – im Wandel liegt Glück,
im Trennen und im sich Wiedersehen.

Tschüss dann, ihr Leute, mein Rollstuhl ist klar.
Ich werf ihn an und geb Gas.
Mit 20 Sachen braus' ich davon.

Das Leben bietet 'ne Menge Spaß.

Die Frage
Liebt sie mich denn gar nicht mehr?
Das ist hier die Frage.
Hat sie einen anderen
oder ihre Tage ?

Liebe
Eine Wolke verliebte sich einst in den Schein eines Feuers.
Und ihre Liebe war so übermächtig, dass sie sich aufzulösen
begann und auf das Feuer nieder regnete. Dieses flackerte ihr
begehrlich entgegen.
Aber zerstörerisch wirkte die Kraft ihrer Liebe;
denn da sich beide durchdrangen, erstickten die Tropfen das
Feuer und wurden selbst verzehrt in der Glut.

Ewige Liebe

Sie war treu
und treu
un' treu
untreu

Wahre Liebe

Sie liebten sich sehr –
beide
sich selbst.
Sie liebten sich sehr.

Annonce (in eigener Sache)

Gut erhaltener Oldtimer, jünger aussehend, für vages Licht tauglich, mit eigenem Rollator, sucht kompromissbereite erotische Altlast zwecks Erstürmung nahgelegener Seniorenresidenz, nur todernst gemeinte Zuschriften, bitte, an die Partnervermittlung „ Doppelherz"!
Kennwort : Last minute

Märchen einer höllisch himmlischen Liebe

Der kleine Teufel

Es war einmal ein kleiner Teufel,
der hatte zwei Hörner, einen Pferdefuß und einen langen buschigen
Schwanz. Er war also offensicht-
lich ein richtiger kleiner Teufel.
Seine Eltern hätten stolz auf ihn
sein können. Nur leider geriet der
kleine Teufel total aus der Art.

Einem echten Teufel ist bekanntlich alles erlaubt. Ein Teufel
darf lügen, stehlen, betrügen, er darf seinen Nächsten quälen
und piesacken – je niederträchtiger und heimtückischer um so
besser. Nur eins darf ein Teufel nicht - er darf nicht lieb sein.
Teufel müssen böse sein.

Aber der kleine Teufel wollte nicht böse sein; denn Nacht für Nacht erschien ihm im Traum ein süßes Engelchen mit blondem, lockigem Haar. Dieses Engelchen lächelte ihm stets verheißungsvoll zu und flüsterte : „Ich habe dich lieb, aber du musst auch lieb sein."

Und weil der kleine Teufel sich in das blonde Engelchen verliebt hatte, war er zu allen seinen Mitteufeln lieb, besonders lieb aber hatte er seinen Vater und seine Mutter. So überlegte er eines Morgens wieder einmal, wie er seine Eltern wohl erfreuen könnte, und er hatte viele liebe Gedanken : „Sicherlich freuen sich meine Eltern ganz besonders, wenn ich mich gründlich wasche und wenn ich mir die Zähne putze und mich vernünftig kämme." Und so wusch er sich blitzblank, putzte sich die Zähne und kämmte sich sein Haar.

„Guten Morgen, Papi, guten Morgen ‚Mutti, ich hoffe, ihr habt gut geschlafen!",
so begrüßte er fröhlich nach vollendeter Körperpflege seine Eltern .
Diese starrten ihn entsetzt an, bis endlich sein Vater losbrüllte :

„Aber Junge, bist du denn von allen bösen Geistern verlassen? Was fällt dir ein, dich zu waschen ? Man könnte ja fast mei-

nen, du seiest nicht der Sohn eines garstigen Oberteufels, sondern das reinste Engelskind. Soll denn meine ganze schlechte Erziehung umsonst gewesen sein ? Wenn du dir die Haare kämmst, das Gesichtchen wäschst und die Zähne putzt – o , es fehlt nur noch, dass du dir die Fußnägel schneidest ."

Da wurde das kleine Teufelchen traurig, und es ging still bei-
seite; denn es wollte seinen Fehler wieder gutmachen.
Und es schnitt sich schnell die Fußnägel und eilte dann erneut
zu seinem Vater und zeigte ihm stolz sein Füßchen .
„Lieber Papi, sieh, ich habe mir meine Fußnägel geschnitten".

„Nein, nein, das darf doch nicht wahr sein ..." Der Oberteufel
rang um Fassung. „O, du verfluchter Satansbraten , fahr zum
Himmel !",fluchte er , und er holte aus ,und er gab seinem
Sohn einen Tritt, dass dieser abhob wie eine Rakete beim
Start in ferne Galaxien .

Der kleine Teufel wollte sich schnell noch festhalten, aber
er behielt nur einen Klumpen Höllendreck in der Hand und
schon wirbelte er aus der Hölle heraus.

„Vielen Dank, lieber Papi !", rief er ,aber da war er schon
außer Hörweite, so punktgenau und kraftvoll hatte ihn sein
Vater mit Vollspann getroffen.
Endlich aber ließ der Auftrieb nach , und das Teufelchen wäre
wohl zurück in die Hölle gefallen, hätte es nicht ganz schnell
seinen Schwanz genommen und diesen wie einen Propeller
kreisen lassen. Dadurch beschleunigte es, nahm Fahrt auf und
brauste bis zum großen Himmelstor, an dem Petrus seinen
Dienst tat und alle Ankömmlinge überprüfte:

„Was willst du denn hier ?", forschte er argwöhnisch . „Ich möchte gern in den Himmel und ein Engelchen heiraten," antwortete ihm der kleine Teufel treuherzig .

„Was willst du ?", ächzte Petrus , und er machte ein ganz böses Gesicht , um den kleinen Teufel einzuschüchtern . „So, so, du willst also ein Engelchen heiraten ?"   „Ja," lächelte der kleine Teufel gewinnend , „und gell ,lieber Petrus, du lässt mich doch ein ;denn du machst ja genau so ein liebes Gesicht wie mein Vater der Oberteufel ?"   „Was mache ich?", stammelte Petrus , „ein Gesicht wie wer ?" Wütend holte er aus und gab dem kleinen Teufel einen Tritt, um ihn zurück in die Hölle zu befördern . Aber Petrus war ein schlechter Fußballspieler und traf den kleinen Teufel so ungeschickt ,dass dieser geradewegs mitten hinein in den Himmel segelte .

„Vielen Dank ,lieber Petrus ," rief der kleine Teufel ,der sich über die Hilfsbereitschaft von Petrus sehr freute.
Nach kurzem Flug landete der kleine Teufel unsanft auf einer Wolke. O, wie hatte er sich bei der Landung wehgetan !!
Verwundert blickte sich der kleine Teufel um , und plötzlich entdeckte er ,woran er sich soeben gestoßen hatte.

Was meint ihr wohl, was er
da fand ? Da lag vor ihm ein
Heiligenschein .
„O," staunte der kleine Teufel
andächtig , „den nehme ich
mit .

" Und er hob den
Heiligenschein auf, putzte ihn ein wenig blank und begab sich
dann unverzüglich auf die Suche nach dem Engelchen seiner
Träume .

Als er ein Stück gewandert war ,hörte er plötzlich Rufe und
Pfiffe – und sieh einer an ,da spielte doch tatsächlich eine
Gruppe Engelchen voller Leidenschaft Fußball . Aber der
kleine Teufel hatte keine Lust ,Fußball zu spielen und so
stapfte er weiter .Auf einmal vernahm der kleine Teufel leises
Weinen und zwar ganz in seiner Nähe. Er sah sich um ,und
da hockte – welch himmlischer Zufall – das Engelchen, nach
dem er sich so sehnte, allein auf einer Wolkenbank und wein-
te bitterlich.

„Warum weinst du denn ‚kleiner Engel ?“, fragte besorgt der kleine Teufel .

„Ach,“ schluchzte das Engelchen, „ich habe bei einem Geländespiel meinen Heiligenschein verloren, und jetzt will niemand mehr mit mir spielen. O, wenn doch nur jemand käme und mir meinen Heiligenschein zurückbrächte, ich würde ihm meine Lieblingsharfe schenken und ihn sogar heiraten .“

„Ich glaube, du brauchst nicht länger traurig sein. Ich habe nämlich einen Heiligenschein gefunden. Ist das deiner ?“
Da hob das kleine Engelchen sein Köpfchen ‚und seine Augen fingen wieder an zu strahlen ‚und es lächelte den kleinen Teufel so bezaubernd an ‚dass dieser ganz verlegen wurde.
„Vielen Dank, lieber kleiner Teufel,“ hauchte das Engelchen , „weil du mir meinen Heiligenschein wiedergebracht hast, will ich dich heiraten.“   Aber der kleine Teufel murmelte : „Das – das geht doch gar nicht. Ich möchte dich zwar auch allzu gerne heiraten, aber ich habe ja Hörner, einen Pferdefuß und einen langen buschigen Schwanz.“

„Das ist überhaupt kein Problem," kicherte das kleine Engelchen. „Was meinst du denn, warum wir Engel so lange weiße Gewänder tragen ?" Und es hob sein Gewand in die Höhe und zu seiner Verwunderung erblickte der kleine Teufel ein reizendes Pferdefüßchen und ein buschiges Schwänzchen.

„Aber", wandte der kleine Teufel ein , „ich habe zwei Hörner und so werde ich dich nicht heiraten können ;denn ihr
tragt doch alle einen himmlischen Heiligenschein ." „Ach,
lieber Teufel ," beruhigte ihn das Engelchen, „was meinst du
denn, woran unsere Heiligenscheine befestigt sind ? Hätten
wir keine Hörner, würde kein einziger Heiligenschein halten
können."
Immer noch zweifelnd gab der kleine Teufel zu bedenken:
„Ich habe ja aber keinen Heiligenschein und so wird niemand
im Himmel mit mir spielen wollen."

Da verstummte das kleine Engelchen; denn an den Heiligenschein hatte es nicht gedacht. Und dem kleinen Teufel
kullerte vor Enttäuschung eine dicke Träne über die Wange.
Als es sich diese wegwischen wollte, bemerkte das Engelchen
den Klumpen Höllendreck in der Hand des kleinen Teufels,
den dieser bei seinem Abflug aus der Hölle losgerissen hatte.
„Aber was hast du denn da ?" Die Stimme des Engelchens
klang sehr aufgeregt . „Ich ? Wo ? Ach, hier – das ist Höllendreck." „Höllendreck ? Nein, das ist kein Höllendreck,"
belehrte ihn das Engelchen, „hier im Himmel ist das Gold –
und für Gold kannst du dir alles kaufen . Für so einen Klumpen Gold bekommst du den schönsten aller Heiligenscheine."

Da war der kleine Teufel sehr glücklich und folgte dem Engelchen zum KaDeHi (zum Kaufhaus des Himmels), um sich einen Heiligenschein auszusuchen und natürlich auch ein edles weißes Engelsgewand - und bald danach heirateten sie und wurden sehr, sehr glücklich .

Doch wer das alles nicht glauben will ‚der fahre zur Hölle, der gehe zum Teufel – zum Oberteufel, versteht sich , und erkundige sich nach dessen aus der Art geschlagenem Sohn – oder besser noch, er prüfe erst einmal hier auf Erden, ob nicht so manche erhabene Krone, so mancher Doktorhut und so mancher Heiligenschein in Wahrheit an Hörnern befestigt sind und ob sich nicht unter manch feierlichem Talar ein Pferdefuß befindet . Man kann ja schließlich wirklich nie so ganz sicher sein . – Oder ?

Selbstauskunft

Auch auf die Gefahr hin, missverstanden zu werden, möchte ich mich in aller Bescheidenheit als einen geborenen „Verssager" charakterisieren.

Schon im Grundschulalter begann ich das, was mich bewegte, erregte oder auch belustigte, in Reime zu setzen. Warum ich das tat? Weiß ich nicht. Genauso gut könnte man fragen: Warum piepen eigentlich Meisen? Ja, warum? Täten sie es nicht, müssten sie wahrscheinlich zum Psychiater, und wer will schon zum Psychiater? Zugegeben, in Bezug auf Dichtung piept bei mir `ne Meise. Seit ich denken und schreiben kann, machte und mache ich mir auf alles Mögliche und Unmögliche meinen Reim. Und wenn mir einer glückt, fühle ich mich ähnlich, nehme ich an, wie ein Maler, der sein fertiges Bild begutachtet – erschöpft und sogleich befreit – oder wie ein Turner nach gelungener Kür.

Ob ich ein Künstler bin? Sind Meisen Künstler? Es sind Singvögel, und sie haben es gern, gehört zu werden. Aber leider ist die Nachfrage gering. Wen interessiert schon das Gezwitscher einer Meise? Wen meine Wortspiele? Sie? O, das freut mich. Wer ich bin? Wie ich heiße? Hören Sie mal, bei Ihnen piept `s wohl? Haben Sie schon mal `ne Meise nach ihrem Beruf und nach ihrem Namen gefragt? Na, sehen Sie! Ich glaube, Sie haben jetzt genug erfahren. Wollen Sie mehr über mich wissen, dann lesen Sie doch einfach meine Gedichte. Ich aber muss jetzt mein Gefieder putzen, denn ich will noch ein wenig durch die Landschaft flattern.

Vielen Dank für Ihr Interesse!

Anhang

Betrifft

Willinger Kollektiv
der
Schwatzarbeiter, Sprachschnitzer,
Sprücheklopfer, Verssager, Kohlschreiber

Ich habe die Erfahrung gemacht, dass es gar nicht so einfach ist, mit sich selber klarzukommen. „Zwei Seelen wohnen, ach, in meiner Brust," seufzte schon Goethes Faust. In meiner Brust wohnen wohl mehr als zwei Seelen, dazu auch etliche in meinem Kopf, in meiner Hose, in meinen Schuhen und ...und...
Ich bin folglich keine in zwei Hälften gespaltene Persönlichkeit, sondern schon eher eine zersplitterte, deshalb habe ich, um meine Persönlichkeit besser in den Griff zu bekommen – zu sammeln, ein Kollektiv für meine Seelen gegründet. Je nach Tagesform ist mal die eine, mal die andere Seele stärker aktiv. Ich unterdrücke keine auf Kosten der anderen. Ich lasse ihnen alle Freiheiten und bin gespannt, was sie mir mitzuteilen haben. Das überrascht mich dann immer wieder. Manchmal herrscht aber auch Funkstille. Um mir die Orientierung zu erleichtern, habe ich meinen Seelen ihren Neigungen entsprechend Namen gegeben. Hier ein kleiner Einblick in mein Seelenleben.

Eine Vorliebe für Klamauk und Nonsens zeigen meine
Seelen „Professor Binsen" und „Karl Laps" , eine Vorliebe
für Pädagogik und Ethik „Stefan Zweifel" und „Peter
Gogik" , für Heiteres und Besinnliches steht „Walter vom
Kattenkump", für Feld, Wald und Wiese „Fritz Meise", für
Sex und Erotik „Franz Willion".
Kurzum – ich nehme für mich keineswegs in Anspruch ein
geradliniger Charakter zu sein. Mein Motto lautet : Lieber
vielfältig als einfältig.
In diesem Sinne grüße ich Sie verantwortungsvoll im
Namen meines Kollektivs (vielleicht des ersten 1 – Mann –
Kollektivs der Welt!).

Auf Wiederlesen i.A.
Ihr Franz Willion
alias Gerd Walter

schnitzer, Kohlschreiber, Sprücheklopfer, Schwatzarbeiter,....